JN411620

오늘의문학시인선 444

징소리

명호 스님 시집

오늘의문학사

징 소 리

■ 머리말

글 잘 쓰는 재주도 없고, 정성까지도 부족하다 보니 늦은 나이에 첫 시집을 냅니다.

승려가 웬 징소리냐고? 저는 승려이기 전에 한민족의 피가 흐르고 있는 가슴 뜨거운 한국인입니다.

예부터 전해 내려온 무교(巫教)는 우리의 소중한 문화임에 틀림이 없습니다. 급속도로 발달한 현대문명에 밀려, 언젠가는 잊혀질 수도 있는, 그러므로 누군가는 꼭 남겨 놓아야 될 기록이라고 생각합니다. 다행히 무교와 인연이 있어, 징소리를 울려 보았습니다.

살아오는 동안 도움을 주셨던 모든 분들께 고맙다는 인사를 올립니다.

기해년 봄에

2부 한 줌 생애이거늘

3부 여기가 도솔천이네

4부 해탈의 소리

5부 여인의 손 끝에 떠오른 달

명호 시집

1부

이름도
없이
사라지기엔

가을 사랑

비우면 비울수록
그리움만 무성하더라.
차마 하지 못한 말
소복이 쌓이는
저 짙은 가을 속내.

겨울바람

저승에 먼저 간 친구
휘파람새로 날아와
울부짖고 있는가.

허허로웠던 시간들
나뭇가지에 걸어놓고
절규하고 있는가.

긍정도
부정도 아닌
물음표만 남기고

갈기 세운 넋두리로
이승과 저승 사이를
헤매이고 있는가.

경인년을 보내며

계룡산 호랑이
문골 선관바위에 앉아
떠날 준비를 하고 있다.

무녀의 징소리에 맞추어
중모리에서 자진모리로
자진모리에서 휘몰이로 쏘다니며
울부짖는 눈보라

위용을 자랑하던
호랑이 울음소리가
동장군 창에 찔린 채
피를 흘리고 있다.

육십갑자 굴레 속으로 돌아가야 될
섣달그믐
자시(子時)의 붉은 포효.

* 선관바위 : 신선이 살고 있다는 바위
* 자시(子時) : 밤 11시~새벽 1시

귀로

돌아갈 곳이 있는 사람은
얼마나 좋을까?

하루를 가로질러
매끄럽지 못한 수영법으로
사바욕계의 탁한 급류 속
간신히 헤엄쳐 나온
지치고 힘든 몸이어도

조각구름 켜켜이 넣은
노을말이가 되어
누군가를 위해
이 한 몸 태울 수 있다면
얼마나 좋을까?

저 붉은 노을 속으로
이름도 없이 사라지기엔
억울하지 않을까?

다시 시작하며

이 비가 그치면
떠나야 한다.
저미도록 가슴 아픈
기억의 고개를 넘어

부푼 가슴으로 서성이는
사거리를 몇 개 지나면
거기, 눈부시게 흩어지는
햇살 있으리.

사람과 사람 틈새
기쁨보다 슬픔이 많을지라도
그리워해야 할 것들
가득한 세상

맑은 햇살에
툭 불거진 힘줄처럼
이 비가 그치면
떠나야 한다.

독감

행진군처럼 몰려와
온 몸을 점령해 버린
채무의 세월이
목구멍 가득
퇴적물로 쌓여 있다.
땀 흘려야 한다고
지방질의 찌꺼기를 토해 놓고
속내 다 털어보아도
달라붙어 끈적이는 것들
칵, 뱉어내지 못하는
덧없는 삶의 무게
시름시름 앓고 있는 기억의 저편
때 절은 지난날들
켜켜이 울고 있다.

동면(冬眠)

여름내 코를 골던
동장군 콧수염
누가 건드렸나?

걸망 내려놓고
동안거 좌선에 든 겨울산 앞에
창을 치켜세운 동장군 호령

창에 찔릴 때마다
피고름 나고
창자 끊어져도

석 달 열흘 쯤
무상무념으로
가부좌 튼 무릎 틈새로

동장군 창 아니면
어찌
푸른 싹 틔울 수 있으랴.

모정 1

만추의 어느 날
길거리 헤매던 얼룩고양이
딱딱한 나무더미 틈에
얼룩이 둘, 검정 한 마리
새끼를 낳았다.

어미 없는 틈에
박스에 담요를 깔고 새끼들을 옮겨주었다.
인간의 손을 탄 불안함에
어미는 새끼들을 한 마리씩 물어
뒷집 처마 밑으로 둥지를 옮기었다.

달포쯤 되었을까
겨울은 어김없이 날카로운 혓바닥으로
손끝 발끝을 핥고 있을 때
뒷집, 2층집에서 검정새끼를 데려갔다.
2층집 입구에는 큰 개가 있었다.

동장군 창을 높이 들던 어느 날
어미 입에 붉은 피가 흐르고 있었다.
단란한 행복을 기원했던 내 의식에
촉수를 세운 유충 한 마리
불안감을 갉아먹기 시작했다.

며칠 후
새끼들은 배냇짓 재롱떠는데
초점 잃은 눈에 가쁜 숨 쉬며
그동안의 과정을 보아온 나에게
마지막 부탁을 하는 듯 했다.

핏덩이
윤회의 씨앗만 남겨놓고
비틀거리며
노을 속으로 떠난 어미는
다시 오지 않았다.

엄마 찾는 울음소리만
며칠 째, 온 동네 눈밭을 쏘다니고
아무 것도 해줄 수 없었던
알량한 내 의식에
자꾸만 달라붙는 어미의 눈동자
아프게 뜯어내고 있었다.

모정 2

야옹이 옹 자에 마음 심 자
어미 잃은 새끼고양이 데려와
옹심이라는 이름 지어놓고
어미 노릇이 시작되었다.

누구의 환생으로
축생의 탈 쓰고 여기까지 왔는지
몸을 만지면 따스한데
사람소리 대신
고양이 울음소리가 났다.

보채는 모습
옹알이하는 모습
사람소리가 날 것도 같은데
고양이 울음소리만 났다.

우리가 전생으로 돌아가면
언제 어디서 무엇으로 만났었을까
나룻배 타고
전생에서 오는 길이 많이 힘 들었나보다
오랫동안 곤한 잠에 빠져들었다.

모정 3

어미 잃은 새끼고양이 키운 지 두 달
제법 고양이 티가 난다.
나뭇잎이 쥐인 양 잡는 흉내를 내고
높이 뛰어 오르고
볼일 보고 흙으로 덮는 등
습성은 속절없이
누가 가르쳐주지 않아도
너는 전생에도 고양이였음이 틀림없구나.

목탁소리 즐겨듣던 습으로
나는 금생에 중이 되어 염불하고 있듯이
아! 우리는 어디서 와서
어디로 가고 있는 것일까?
풀어봐야 보잘 것 없는
힘겨운 봇짐 등에 지고
윤회의 허허벌판을 가로질러
우리는 과연
어디로 가고 있는 것일까?

마늘

한 겹
한 겹
벗어던지고
톡, 튀어나온
원시의 속살
뽀오얀
알몸이 부끄러워라
비단옷 아니어도
사뭇 그리운
아릿한 순결이어라.

벌초

봉분에
들꽃 하나 남깁니다.
세 송이의 꽃
애지중지 가꾸시던
아버지의 투박한 손
가슴에 새기며
봉분 정수리에
들꽃 하나 남깁니다.
향그런 꽃 피우시고
그리움으로 흔들리소서!

영정 앞에서

향로에 불 지피면
빛바랜 세월의 마디마다
그리움 피어오르고
수많은 말씀들이
인생사로 떠다니는데
웬 궂은 날 그리 많았던가?
거칠던 손등이며
억새 같던 마음
호랑이라는 고집의 대명사
평생을 끌고 다니시더니
행여
염라대왕과 말다툼 하실까,
춘기(春氣) 사나운 밤이면
아버지를 뵈옵는다.

욕쟁이 할머니

욕쟁이 옆집에 살던 나는
늘 욕을 먹고 살았다.

반 곰보의 걸쭉한 욕타래에서
“육시랄 눔 지랄하고 자빠졌네.”
“베락맞아 뒈질 눔!” 이
걸림 없이 풀려 나왔다.

세상살이 구역질나던 날
텁텁하면서도 구수한
욕 한 사발 쭉 들이켜고 나면
속이 다 후련했었는데

“옘병할 놈의 시상!” 떠난 할머니
저승에서도 욕하고 계시려나,
종말로 치닫는 요즘
왜 허기가 돌까?

인절미를 먹으며

광주리에 올망졸망
철부지 삼형제 머리에 이고
인절미를 외쳐대던 어머니.

한 발 한 발 내디딜 때마다
정수리로 쏟아지던
고통의 무게는 얼마였을까?

입 안 가득
어머니의 절절했던 외침을 씹으면
목이 메어 오는데

편히 쉴
든든한 바람막이도 없이
늘 서성이는 어머니

광주리 속에는
변변치 못한
삼형제가 들앉아 있습니다.

차를 마시며

숨 가쁘게 달려온
때 묻은 시간
잠시 뉘어놓고
한 소절
바다의 교향곡을 풀어 놓으면
찻잔은 금세
은빛 물결로 출렁인다.
힘차게 날아오르는
갈매기 울음 끝에
풋풋한 그리움 묻어 나오고
고깃배가 건져 올린
등 푸른 음표에
말갛게 씻기운
내가 매달려 있다.

탑정호에서

관촉사 범종소리가 빚어놓은
노을 곱다운 호반

사내는 그물치고
아내가 노 젓는
선홍빛 정겨움

꽃일레라
연꽃일레라
붉게 타오르는 사랑일레라

오늘 밤
저들의 창가에는
어떤 별들이 도란거릴까?

폭우

북태평양에서 몰려온
고온다습한 불쾌감이
만삭의 몸으로 칭얼대더니

위장 곳곳에 배어있던
역겨운 욕망의 속물들을
급기야 토해내고야 말았다.

엉키고 뒤틀렸던 속울음들이
시퍼렇게 날을 세운 채
피멍든 세월을 할퀴고 있다.

오늘 밤과 내일 아침 사이
가슴 속으로 퍼부어도 시원찮을
호우경보가 내려졌다고 한다.

명호 시집

2부

한 줌
생애이거늘

공원에서

도심의 공원에서
담배꽁초 줍는 노인

자기가 피웠던 만큼의
세월을 줍고 있을까,
담배 전내로 뱉어낸
역했던 말들을 줍고 있을까?

버린 이나 줍는 이가
둘이 아님을

그 때,
색색깔의 고뇌에 찬
연기 뿜어대던 젊은이
호호백발이 되어

지금 줍지 않으면
영영 후회할 것처럼
살아온 만큼의
업장을 줍고 있는 노인.

깨닫기

깨닫는 것이 별건가
깊이 잠들어 있던
몹쓸 기억 몇 놈 잡아다
족치고
죄 값 물리면
그게 깨닫는 거지.

동지(冬至)

창고의 구석
어디쯤 거주하시며
극성부리는
축생 서생원

오늘만큼은
그들의 한 끼 공양으로
팥죽 한 그릇 떠 놓는
보살의 손

어둡고 냄새나는 곳에
숨어사는 그들
후생의 나일지도 모를
부처 아니던가.

꼬끼오

받을 것만 또렷하고
줄 것 흐릿한
나는 닭대가리인가?

단군이 신단수 아래 홍익이념을 내걸고 나라를 세우니, 단군의 일거일동을 새벽마다 하늘님께 보고하는 봉황이 있었다. 귀찮아진 단군이 계략을 짜내어 봉황에게 술을 먹였다. 술을 마시게 된 봉황은 늦잠을 자게 되었고, 머리도 흐려지게 되었다. 결국 하늘님의 벌을 받은 봉황은 닭이 되었다. 하늘님께 보고하던 습성으로, 지금도 닭은 새벽마다 울고 있다.

스스로 홍익이 되어
참회하기를 오천 년인데
나는 언제쯤에나.

말씀 1

성현들 모여서
하시는 말씀

지천명의 마루턱에 앉아
징소리만 듣고 있는
이 도둑놈아

그래! 자네는
농부들의 땀방울을
몇 순갈이나 축냈는고?

말씀 2

여보시게, 그만 일어나시게.
너무 오래 잠들어 있으면
그게 바로 저승길이거늘

무엇을 꿈 꾸셨는가?
그래! 많이 얻으셨는가?
달콤하셨는가?

무의식과 의식 사이를 오가며
중생들이여
아직도 자고 있는가?

병신년을 보내며

환갑 지난 얼마 후
대웅전 처마 끝에 찾아온 목감기

살생 해 먹고
도둑질 해 먹고
사음을 즐기며
거짓말과
사탕발림한 혀로
이간질에
악담까지
남의 것 탐내고
성낸 목소리에
어리석은 마음까지

60년 동안 해 처먹은 십악죄업
삼천배로 참회하고
이제 한 줌 생애이거늘
남을 위해 살아가라는
육탈로 울리는 제야의 종소리.

봄 비

"수리수리 마하수리
 수수리 사바하"
 앳된 비구니
 건반을 두드리고 있다.

"신묘장구 대다라니
 나모라 다나다라 야야 나막알약"
 겨우내 삼매에 들었던
 천수경을 조심스레 닦고 있다.

"나무상주 시방불
 나무상주 시방법
 나무상주 시방승"
지구의 밑둥 차고 오를
윤회의 심장 꺼내고 있다.

새해 복 많이 받으세요

뿌린 만큼 거두는 게
세상사 이치거늘

베풀기는커녕
뺏으려는 습성으로
해는 저물고

올해는
누구의 복을 훔쳐
또 한 세월 버텨야 하나.

엄마 가지 마

흰 와이셔츠 깃에 목을 베인 소녀는
날마다 울었다.
술 취한 아빠의 다림질에
시퍼렇게 날선 와이셔츠의 깃은
소녀의 목을 사정없이 베었고
소녀는 날마다 울어야 했다.

엄마와 헤어져야만 했던 지난여름
유난히 더웠던 여름이 가고

사랑에 눈 떠야 할 소녀는
단풍잎과 은행잎 대신
이리저리 흩어진 그리움만 골라
사춘기 여린 가슴속에 쓸어 담으며
기억속의 엄마가 영영 지워져 버릴까봐
가으내 숨죽여 울어야 했다.

오늘밤도 술에 취한 아빠는
흰 와이셔츠 깃을 날카롭게 세우고 있다.

자장면 먹으며

늙은 엄마와
엄마가 좋아하는 자장면을 먹는다.
엄마 뱃속에 세 들어 살던
열 달치 방세와
아들이라며 땡 잡았다고 먹인
여덟 섬 너 말의 젖과
조건 없이 베푸신 사랑의 값은
과연 얼마나 될까?

세월은 버선발로 앞서가는데
어머니 자장면 많이 드세요
저승에는 자장면 없을지도 몰라요
이 담에
사과 한 개
배 한 개 올릴지라도
지금 푸른 이 세상
자장면 많이 사 드릴께요.

청룡사에서 1

부처님 코
갈아마신 인연으로
내가 태어났고

몇 십이던가
몇 백이던가
헤아릴 수 없는
윤회의 바랑을 메고
다시 찾아와

천수경 몇 가락에
업장소멸 구걸하는
어리석은 중생.

청룡사에서 2

지팡이가 걸어오고 있다.
청룡사 오르는
눈보라 시오리 길

사바에서
극락까지는
얼마나 먼 길일까

뼛속 헤집는
늠름한 저승바람
힘겨이 뿌리치며

한 뼘쯤 남은 이승
두 손으로 꼭 쥔
지팡이가 걸어오고 있다.

청룡사에서

– 공양주 보살

대웅전 앞 뜨락
자비 한 아름 심어놓고
앞뒤 켠에 널브러진
목탁소리 흔적들 쓸어 모으며
묵묵히 쌓은 세월의 공덕으로
내세의 복일랑
옆구리에 차고
저승 갈 때 가져갈
지혜 찾는다며
오늘도 풀리지 않을
화두만 끓이고 있는
공양주 보살.

청룡사에서

— 염불소리

큰 스님 명치 끝
맑게 고인 염불 샘에는
용이 살고 있는지

어둠 걷어내고
생사의 경계까지 비워낸
낭랑한 울림으로

반야의 문을 열고
승천의 날개 활짝 편
혜선 대종사 님이여!

청룡사에서

– 군불 때기

한숨 팔만 섬
눈물 사천 섬 싸질러 놓고
들쑤실 때마다
몇 권으로도 모자랄
기막혔던 생애가 되살아나는데
전생의 업장 어쩌지 못해
천수경 태우고
반야심경도 태우고
탐, 진, 치, 번뇌까지
신명나게 타오르는 날
해탈의 구들장 위에
가부좌 틀고 앉아 있을
공양주 보살.

태아령

삼도천 모래밭에
알몸의 핏덩이 영혼들이
고사리 손을 모아 탑을 쌓고 있다.

돌 하나 들고 엄마를 부르고
돌 하나 들고 아버지 원망하며
탑 쌓은 공덕으로
삼도의 강 건너야 하거늘

칠흑 같은 어둠 속 노자 한 푼 없는데
까마귀 떼 지어 우는
저승길은 왜 이다지 멀단 말인가?

탑이 와르르 무너질 때마다
모래밭에 쓰러져 울다 지쳐 잠이 든다는
어린 넋들 이야기.

* 태아령 : 낙태나 유산으로 죽은 아기의 영혼
* 삼도천 : 이승과 저승 사이에 있다는 강

합장(合掌)

이 세상
착한 이들 너무도 많아
극락도 만원이라는데
이제는
땅을 알고
하늘 무서워해야 할 나이
지천명의 고개 오르고서야
가지런히 모으는 두 손.

3부

여기가 도솔천이네

고치령 산령각

피바람 불던 태백과 소백
양백산 신령님 되신
단종과 금성대군

말 타고 계신 어린 단종을 향해
다소곳 고개 숙이고 있는
금성대군의 충절어린 불화(佛畫) 앞에서

한 맺힌 세월 따져 묻듯
잠들어 있던 질곡의 역사
징소리 한 순배로 흔들어 깨워보는데

어느 누가 감히 임금께 진상할 수 있으랴
막걸리 한 사발에
복이나 구걸하는 어리석은 범부

* 고치령은 소백산에 있으며, 강원도 영월, 충북 단양, 경북 영주 등 삼도를 이어주는 고개로써, 단종의 복위를 꾀하기 위해 밀사들이 넘나들던 고개

꼴두바위

산신당에 방울소리 울리고
시왕풀이 하는 날이면
농익은 징소리만 끌어안고
애기를 배고 있잖아요,
어머님

진달래꽃 붉게 피던 날
뻐꾸기 울음소리 따라온
파촉나라에
어머님 구박을 먹고 자란
애기동자가 울고 있어요.

소나기 오는 날이면
함백산 골골마다 쏘다니며
벼락불에 소스라치는
내 울음소리 들어 보셨나요

영월 땅이 좋아요.
어머님

백일치성 다 못 채우고
까마귀 떼울음만 지천으로 널린
영월 땅이 좋아요.

* 꼴두바위 : 아기를 갖기 위해 백일기도를 드리던, 영월군 상동읍 구래리에 있는 바위로, 시어머니의 구박에, 백일을 채우지 못하고 죽었다 함.

공갈못에서

바람결에 묻어온 소쩍새 울음소리
뼈 속으로 들었다.
제물이 되어 산 채로 수장되었던 공갈이
공갈이의 한 맺힌 울음일게다.

얼마나 그리웠으랴
흙바닥 뒹굴며 몸부림쳤을 이 땅
기억 속으로 흘러간
깊고 아득한 세월이 허물어지고 있었다.

삭이지 못한 삼한의 역사에 묶인 채
무심히 흔들리는 초승달
웅크린 모습이 공갈이가
달 속에 누워있었다.

* 공갈못 : 경북 상주시 공검면 양정리 199번지에 위치한 작은 저수지. 저수지를 만드는 과정에서 둑이 자꾸 터지자 공갈이라는 아이를 제물로 둑에 묻고 나서야 저수지가 완성되었다는 삼한시대의 슬픈 이야기. 이후 사람들은 공갈못이라고 부르고 있음.

망경사에서

하얗게 덮인
대웅전 앞 여백에 뿌려놓은
자비(慈悲) 한 줌 쪼아 먹으며
겨울나기 하는 허공중생들

온종일 풍경소리 물어다
골골마다 풀어놓더니
나뭇가지에 걸린 채
붉게 번지는 노을
쪼아 먹는 허공중생들

영산(靈山) 수없이 오르면서도
아직도 쥐고 있는
삿된 생각들이 따가운
노루꼬리 만한 겨울 한 나절

* 망경사 : 태백산의 천제단 바로 아래에 위치한 절
* 허공중생 : 날아다니는 새들

박달재 성황당

징소리 신명나는 날이면
박달도령 신위로 올라간 금봉이
치마끈 풀어헤치고
살내음 풍기며
애를 배고 있지 않느냐.

보름날 밤이면
장원급제 빌며 기다리던
성황당 뜰 앞에 앉아
화냥기 짙은 숨소리를 꺼내
활활 태우고 있지 않느냐.

끝끝내 이루지 못한
박달도령과 금봉낭자
얼마나 그리웠으랴.
조선을 넘어 천 년이 넘도록
소쩍새 밤새도록 피 토하는 이유를.

봉정함에서

꺄르르 꺄르르르
대중방에서 들려오는
노보살들 깨알 같은 웃음소리

굽이마다 가쁜 숨 얼마였던가.
꺾인 관절 추스르기도 전
뭐 그리 즐거운지

부처님 품안에 와서야
고달픈 생의 봇짐
잠시 내려놓고

설악의 골골마다
울긋불긋 피워내는
웃음꽃 잔치.

뽕 할머니

두 손 꼭 잡은 염원 하나로
회동과 모도섬 사이
신비의 바닷길 만들어 놓고

암초에 걸린 사람들
너무 먼 곳까지 노 저은 사람들
손 내밀어 건져주시고

병마에 신음하는 사람들
사주팔자 탓하는 사람들까지
약손 되어 어루만져 주시는

힘겨운 사람들과
차 한 잔 나누지 못하는
부끄러운 내 손인데

천 개의
따스한 손을 가진
보살님 보살님 진도 보살님.

소등섬 전설

임오년에 떠내려간 보름달
소등섬 할머니가 건져
치마폭에 고이 품고 계시더니
동자 하나 나오더라.

달덩이 용궁동자는
밤이면 밤마다
별들을 불러 모아놓고
기저귀가 물에 젖도록 철벅거리며
세상에서 제일 아름다운
육자배기 남도가락으로 가꾸며

전남 장흥군 용산면 상발리 산225
소 등 닮은 섬에는
할머니와 달덩이 용궁동자
두 손 모아 바다를 지키고 있다.

식장산 7층 석탑

지축 흔들던 쇠메덩이 등쌀에
오장육부 떼어주고
뼈마디 앙상한 등대가 되어

할퀴고 지난 세월 속에서도
눈부시게 빛내준
한밭 벌 등대가 되어

부처 몸에 피 묻힌
무명(無明)의 억센 손
비명횡사 했다던가.

전망대 부근
위태로운 벼랑 끝
이름 없는 등대가 되어.

약사암에서

몹쓸 기억들만 데리고
힘겨웁게 서성대던
시월의 끝자락,
그대는
노을빛으로
붉게 타오르는
한 송이 연꽃이었습니다.

오룡묘

신선이 놀고 갔다는 선유도에는
명사십리 붉게 물들이는
낭만만 있는 것이 아니다.

망망대해
성난 바다에서의 고깃배는
몇 만 분의 일,
점 하나도 안 되는 것을

오룡묘 칠성당에 향 사르고
천수와 반야의 진언으로
괴물의 입 속에 들어갔던
혼령들 넋두리 꺼내
법력으로 닦아주는 스님

아미타불 휘몰이 장단으로
해탈 문 열 때
동서남북 그리고 중앙까지
오방의 용왕들과 함께
망주봉은 도솔천이 된다.

왕비 사당

임금님 나들이에
하룻밤 사랑받은 허씨 낭자
전남 장흥군 대덕읍 연지리
마을 사람들은 경사가 났다는데
이제나 저제나
한양 가신 임금님 소식
3년만 기다린 것이 아닌
1년, 1년, 년년 동안
평생 기다리다 별이 되었네.

전생에 허씨 낭자였을지도 모를
여인
별 아래 앉아
징징징 지잉 징징
징소리 엮어
애끓는 남도소리로
비운의 왕비 깨우고 있다.

임씨 할머니 당

촛불도 위태로이
바다 울부짖는 날이면
신명의 옷고름 여미고
임금님 기다리던 망주봉에 올라
휘파람 불어대는 임씨 할머니

전생부터 왕비 운명인 것을
아무에게나 시집 갈 수 없어
죽음을 택한 나주임씨 처녀

처녀 하나 죽었다고
사당 만들어 주나
선유도 망주봉 아래
혼백의 그 자리
술병 허리춤에 찬 고주망태
"옛다! 너도 한 잔 먹어라"
술 한 잔 부어준 것이
복이 되어 돌아오니
왕비로 모신 임씨 할머니 당

죽령 산신당

동이 트면 어쩌나
거친 숨결의 혼령들
불쑥불쑥 손을 내미는

새벽이 밝아오면 어쩌나
기왓장 틈에 숨어
칠흑 같은 어둠만 핥아먹고 사는

징소리 징징 울리는 밤이면
깊은 잠에서 기지개 켜는
다자구 할머니 신위

충북 단양군 대강면 용부원리 산49
죽령 산신당에는
늘 바람이 분다.

산적들이 다 잠들었다는
"다자구야" 노래를 부른
할머니 때문에 잡혀 들어간
소백산 산적들의 억울한 원성일 게다.

명호 시집

4부

해탈의 소리

징소리 1

얼마만큼 비워내야
맑은 소리가 나는 것일까?
뜨겁게 달구어진
무간지옥 넘나들며
산란한 마음 한 곳에 모아
삼매에 든 해탈의 소리.

징소리 2

이승과 저승 사이에는
길이 없어라.
혹여
소리에 피멍이 들고
관절이 부러지기를 사흘 밤낮
핏물 홍건히 걸러낸
맑은 소리의 끝자락,
그 울림의 여운을 타고
노을과 어둠 틈새
혹은 어둠과 새벽 틈새
신장대 치켜세우고
버선발로 뛰는
무녀의 몸주를 통해서나
잠시 열리는 인연의 끈

* 신장대 : 무당이 굿할 때에 드는 막대기

징소리 3

밤새
징소리 하나씩 없어지더이다.
통통하게 영근 소리만
골라 먹었음직한 까치 한 마리
산신당 앞
불심(佛心) 돋는 가지에
반가부좌 틀고 앉아
햇살 토해내고 있더이다.

징소리 4

사바세계 남섬부주 해동은 조선이오
남해라 용궁

욕망으로 가득 찬
번뇌의 바다에

가쁘게 몰아쉬는 해류를 따라
송송이 피어나는 우담바라

오늘은 어느 어부의 그물에 건져져
한 생각 돌이킬 것인가

* 우담바라 : 삼천년에 한 번 피어난다는 인도의 전설 속에 나오는 꽃

징소리 5

여보시게
저승에 가실 때에는
농익은 징소리 한 두름 엮어
들고 가시게.
무디게 살아온 사바의 세계
그 인연의 매듭 풀지 못하고
서성이는 혼령들께
향내음 짙게 밴
카랑카랑한 소리
한 소절씩 들려주시게.

* 사바세계 : 인간들이 사는 괴로움이 많은 세계

징소리 6

창자를 훑어 내는가.
산허리 자지러지고
예리한 소릿날에
대숲도 잘려 나가고
본능을 드러낸 금속성의 소리떼
장군봉에 걸터앉은
보름달 쪼아 먹고
잠들지 못한
고혼들의 넋두리도 쪼아 먹고
골골마다
피울음 절절히 맺혔을 때
얽히었던 열두 코
직성 풀어내고서야
물소리 따라
사바세계로 내려가는
여인의 징소리.

징소리 7

음기(陰氣) 자욱한 밤
잠들지 못한 혼령들은
어디에서 비를 맞으며 헤매고 있을까?

"저승의 강은
징소리를 타고 건너야 한다네.
자손들이여
징소리를 들려다오.
두루마기 한 벌에
짚신 세 켤레
빗소리에 젖으면 좀 어떤가?
텁텁한 막걸리에
시퍼렇게 날선
조선의 징소리면 될 것을
자손들이여!"

징소리 8

굿거리장단에
춤사위 즐겼던 우리 조상님네
덩더쿵 덩더쿵 덩기덩기 덩더쿵

물속에 떨고 있는 혼령
이승 내내 허기졌던 혼령
총칼에 간 젊은 혼령들

"만고절색 양귀비도 당명왕은 달랬지만
염라대왕 못 달래서 하릴없이 죽었으니
그 역시도 원명(原命)이오"

"가 봅시다 가 봅시다
천상인간 두어두고 극락으로 가 봅시다
덩더쿵 덩더쿵 덩기덩기 덩더쿵"

그리웠는가
무녀의 버선발 따라
자진모리로 돌아가는 저승 나그네.

징소리 9

태백산 천제단
오장육부 후벼 파더니
단(檀) 위에 올려놓은
달을 먹어치우더이다.

"간밤 무사하셨는가?"
발그레한 얼굴로
껄껄껄 웃으시는
단군 할아버지.

"어젯밤엔 잘 먹었네.
이제 내려가게나."

징소리 10

말발굽 소리였다.
산맥의 중추신경을 깨우고
무명(無明)의 능선을 넘어
8만 유순(由旬)이라
수미산* 제석궁으로
갈기 휘날리며 달리는
백마의 무리였다.

* 수미산 : 불교에서 세계의 중심에 솟아있다고 하는 상상의 산

징소리 11

– 도량에서

바위 틈
감로수 솟아나는
신령님 계신다는 청정도량에
버려져 나뒹구는 양심의 찌꺼기들

수고한 흔적을 남기신
몇몇 양반님네
어설픈 흉내로
신령님 진기는 잘 빼 자셨는지요?

징소리 대신
해소 앓는 흔적들만
콜록거리며 누워있는
신령님 도량.

* 해소병 : 연거푸 기침을 하는 증세.

징소리 12

– 문무왕릉에서 1

죽어서도 용신(龍神)이 되어
나라를 지키겠다던 문무왕
간간히 돌무덤 차고 일어나
백마의 울음소리 되었다가
날푸른 번개도 되었다가
둥둥 떠다니는 징소리
통째로 삼키시더니
입가심으로
자갈 머금었다 내뱉는 소리
촤르르 촤르르….

징소리 13

– 문무왕릉에서 2

용(龍)의 발톱을 보았는가?
팔도(八道) 무녀들 다 모여
함께 빚어내는
일렬 횡대였다가
산만하게 흩어지는
온갖 빛깔의 소리를
모두 삼키고 울부짖는
용신(龍神)의 울음소리를
들어 보았는가?

징소리 14

— 삼불봉에서

선달의 매운
재채기소리 분분한
계룡산 삼불봉
보따리 풀자마자
하얀 외투 겹겹이 껴입은
빙하의 골짜기로
화르르 날아가는
푸른 음계들.

징소리 15

— 서해 바다에서

수평선상에
점점이 떠내려가는
윤회(輪廻)의 씨앗

전생의 업 씻으시려는가
금빛 음계만을 쪼아 먹고
노을 속으로 사라지는
허공중생들.

징소리 16

– 월출산에서

징소리 물고 간 소쩍새
단심(丹心)으로 우는 것은
사무치도록 그리운
전생의 연(緣)이 있었을 게야.
사바의 축(軸)을 흔들며
십만억토(十萬億土) 지나야 있다는
서방세계까지
핏빛으로 어둠 허무는
소쩍새 울음
징소리 닮아 있었다.

* 서방세계 : 아미타 부처님이 계신다는 극락세계

징소리 17

– 입춘맞이

봄은
그리 쉽게 오지 않더라.
울음 돋친 가지마다
초롱초롱하게 눈 뜨는 소리
자진모리로 걸어놓고

동장군 창을 빼앗아 들고
한바탕 신명나게
열두거리로 놀고 난 뒤
졸리운 눈 비비며
하품 데리고 오더라.

징소리 18

– 지노귀 굿

신장대 치켜든
무녀의 장삼자락
낯선 시간 헤집고
사뿐사뿐 날아
저승의 문턱을 넘나드는가?
혼령이 울고
산 자들도 울었다네.
이승과 저승이 하나 되어
주룩주룩 울었다네.
어쩌겠나,
나고 죽는 것이 업인 것을,
잠시잠깐 머문
그리움 한 줌 남겨두고
이제 가야만 하는가?
색색으로 수놓은 용선 띄우고
열두 자 무명 길베 가르며
저승으로 떠나는 망자의 혼.

* 지노귀 : 죽은 사람의 혼이 좋은 곳으로 가도록 하는 굿

5부

여인의 손 끝에 떠오른 달

계룡산에서

선달 스무하루날 밤
눈 쌓인 계룡산 허리춤에
촛불을 켜는 여인
무명의 어리석음을 빌었을까?
엄동설한
시린 바람 불어도
불심(佛心)은 타 오르고
텅 빈 골짜기마다
불국정토로 물들이는
여인의 손 끝에
달이 떠오른다.
반야의 달이 떠오른다.

내림 굿

자정 넘어
비단신 신고
남도가락 춤사위로 오시었나,
곤룡포 붉게 휘날리며
산신각 탑 위에
우뚝 서 계시는 옥황상제님

"무명(無明)의 바다에
빛이 되리라."
거북선 타고
불같이 오신 성웅 이순신 장군
우렁찬 호령으로
황금칼 휘두를 제

옥황상제 서기(瑞氣)받고
장군님의 명기(明旗)줄로
고달픈 욕계 사바

등대지기 되어
두 손 모은 여인의 손끝에
샛별 반짝이더라.

더퍼리 서낭당에서

징소리 따라가면
신령님 만날 수 있을까?
도포자락 휘날리며
산 너머로 오실까,
달빛 타고 오실까?
단 위에 탐스러이
보름달 올려놓고
가슴만 치며 우는 애동제자
애절하게 울고 있는 저 여인은
한이 맺혔던가,
원(願)이 많았던가?
신기는 솟구치는데
서낭고에 매인
무명업장 어찌할꼬?

* 더퍼리서낭당 : 대전광역시 동구 가양2동 소재, 우암 사적공원 뒤편에 있음.

만월사에서

만월사
공양주 보살이
마당을 쓸고 있다.

햇살에 풀풀 날리는
징소리의 자투리
쓸어 모으고 있다.

신기(神氣) 솟구치는 날이면
농음(濃陰)으로 얼룩진
한 생애를 콜록거리며

삼삼히 눈에 밟히는
때 묻은 기억들
쓸어 모으고 있다.

무녀(巫女) 1

한 많은 여인이더라.
밤이면 밤마다
심장 반 쪽 떼놓은 뒤
하얀 소복 갈아입고
조선팔도 명산대천(名山大川)
골골마다 찾아다니며
남은 심장마저
단(壇) 위에 올려놓고
손바닥 닳도록 빌고
목울대 터지도록 빌고
빌고빌고 또 빌고
심장 없이도 사는
비련의 여인이더라.

무녀(巫女) 2

밤이면 밤마다
헝크러진 마음
곱게 빗질하고

결가부좌 틀고 앉은
계룡산 삼불봉 무릎 아래
무명(無明)의 치마끈 풀어놓고

오늘은
어느 신령님과
몸을 섞고 있는가.

무녀(巫女) 3

삶에 겨운
중생들의 번뇌
버겁게 짊어지고
뒤뚱뒤뚱 오르는 태백산

눈꽃 피워낸
백두대간의 정수리 따라
문수봉의 매운바람 앞세우고
준령 오르내리기를 어언 15km
벗겨진 뒤꿈치의 아픔 쯤
중생들 고통만 하겠는가?
걸음걸음마다
누구도 대신해 줄 수 없는
외로운 신의 길

짓무른 발 매만지고
꺾인 관절 추스르며
자시(子時) 기도를 준비하는
신의 여인.

* 자시 : 밤 11시~ 1시 사이

백일기도

쑥과 마늘로 묵묵히 견딘
웅녀의 환생인가?

진도 울돌목에서
역마의 발자취 말끔히 씻어내고
태백산 골골마다
얽히고설킨 인연 줄 풀어놓으며
인욕의 가시덤불 위에
정진의 방석을 깔고
모진 바람 이겨낸 백일

동장군 창끝에
붉은 깃발 펄럭이는
기축년 해거름

지리산 칠선계곡에
곰만 사는 줄 알았더니
여의주 물고 있는
용이 살고 있더이다.

백마강에서 1

한(限) 풀지 못 했나,
삼경(三更)이면
하나 둘
강으로 내려와
그리움 풀어 놓는데

삼천의 별
건지고 있는 저 여인도
아마, 그 옛날
피 토하며 져 버린
꽃이었을지 몰라.

백마강에서 2

백마강 강물 위에 떠다니는 별들은
여인이 뿌려놓은 징소리란다.

속 못 차리는 늦둥이 아들 둔
노모의 서글픔도 별이 되었고

남편의 외도에 지친
아낙의 눈동자도 별이 되었고

삼재팔난에 몽땅 허물어진
어느 가장의 슬픔도 별이 되었고

중생들의 온갖 번뇌를 두드리며
별밭 가꾸는 여인.

성불사에서

성불사 굿당
징소리 먹고 사는
진돗개 한 마리

바람에 날리는
징소리라도 잡으려는가,
바쁘게도 뛰어 다니더니

나른한 삼매경에
성불(成佛)로 통하는
오솔길이라도 걷고 있는지

한 시절 지나
인연 닿으면
사람으로 만나세 그려!

신 내림

밤새
자진모리로 엮어놓은
징소리 타고
지장보살 앞세워
신령님 약줄로 내리시고
제석할머니 손잡고
동자, 선녀 내리고
장군님 백마 타고 오실 제
애동의 뜨거운 피로
용무늬 날개 활짝 펴고 날았다.
조선 제일의 무녀가 되기를
버선코 하늘 높이 날았다.
덩실덩실 어깨춤으로 날았다.
일상의 허물 벗은 서른의 아침
천상문 열린
계룡산 동편 하늘에
수줍게 피어나는
홍련 한 송이.

태백산 문수봉에서

해발 1,517m
돌탑으로 우뚝 서 계신
문수보살님

옆구리에 차고 있던
칼바람 내어 주시며
소문 없이 살라는
뼈 시린 말씀

겁(劫)동안 짊어지고 온
삿된 생각들
하늘 우러러 맑게 헹구어 놓고
잠시 쉬어 가란다.

그 날을 위해

충북 보은읍 장바우산
국궁장 건립공사를 위한
깎아내린 20여m 아랫도리

해빙기 위험도 잊은 듯
도면대로 꼼꼼하게 실 띄우고
철근 엮어나가는 빠른 손놀림
잘못 때린 망치질에
꺼멓게 먹진 아픔쯤이야
과녁의 심장에 붉은 피 솟구칠
그 날을 위해
대대손손 피어날
호걸을 위해

동우건설 직원들 땀방울 위로
지나가던 낮달 들여다보며
빙그레 웃고 있다.

노하우 있잖소

– 영전을 축하드리며

노랗게 물들었던 낙엽 떨어지고
재넘이 바람 부는 기축년 십이월 초하루
남대전 동녘 하늘에 높이 뜬 샛별이여

노력과 자상함과 은유적 여심으로
재덕 겸비하신 가오 농협 지점장님
남다른 빛깔을 내어 푸른 꿈 펼치소서.

노하우 있잖소, 등대지기로 살고픈
재임동안 최선을 다하는 여장부로써
남정네 한 열배쯤의 대업 이루소서.

동방의 북소리

무명의 언덕 넘어오던
역마의 고삐
노고산 허리춤에 잠시 매어놓고

사바의 이랑과 고랑 사이
농사 잘 짓는 법문으로
무욕의 씨앗 뿌리며

평생 쌓아올린 금지탑
동방의 북소리 되어
난세의 등불이 되어

노고산에 반야용선 띄워놓고
낭랑한 음성으로 저어가는
해인 대종사님이여!

망주봉 풍경횟집

그리움 먹고 자란
사바세계 정수리 같은
망주봉에서 내려오시거든
풍경횟집에 들러 가시게.

천길 수심 밑에서 건져 올린
팔딱거리는 싱싱한 안주에
아줌마 구수한 사투리 덤으로 넣은
동동주 한 잔 들고 가시게.

남는 건 사진뿐이라며
갈매기 울음소리만 담지 말고
명사십리 백사장에 널린
노을 부스러기만 줍지 말고

속세의 모든 업장
말끔히 헹구어내고
얼큰한 화두 하나쯤
건져가야 되지 않겠는가?

종이꽃 장미

신령 단에 빨간 꽃 일곱 송이
조상 단에 노란 꽃 일곱 송이
지극정성 피워낸 이 법사

숨 가쁜 양고장 소리에
무녀의 춤사위
흰나비, 검은 나비, 홍나비, 청나비
호랑나비, 꽃나비로
흥겨움 무르익을 때
신령은 꽃이 되고
꽃은 신령이 된다.

사주팔자 속이지 못한다고 했던가?
영산(靈山)마다 별빛 찾아다니며
백팔번뇌 말끔히 씻어내더니
쌓여가는 염불 공덕으로
점점 장미를 닮아가는 이 법사.

치과에서

입안을 들여다보는
손길 두려워
질끈 눈을 감는다.

시리도록 씹어대던 욕망덩이
줄칼로 갈아내고
해서는 안 될 곰삭은 말들까지
후벼 파내고
과거사 아픔까지도 보듬어 주는
여의사의 손길

눈을 떠 보면
어여쁜 꽃 한 송이
탐스럽게 웃고 있다.

팔도 유람기

묘정스님의 노래를 들으려면
역마의 날개 활짝 펴고
휘몰이 허리춤 꼭 붙잡아야 된다.

백두에서 한라까지
방방곡곡 먹거리와 풍물들
유년기 그리움까지 헤아려
숨 가삐 다녀와야 된다.

고희(古稀)의 가파른 고개 오르면서도
갓 피어난 진달래 붉은 빛으로
삼천리 금수강산
곱게 물들이는 묘정 큰스님

지나친 욕심 버리고
인연 따라 살아가라는 법문
음표에 덤으로 매달려 있다.

■ 해설

점오점수(漸悟漸修)의 미학적 변용

명호 스님 1시집 『징소리』를 읽고

문학평론가 리 헌 석
사단법인 문학사랑협의회 이사장

1.

명호 스님과 습작기(習作期)를 같이 보냈습니다. 1980년대에 만나서 자신의 창작시를 서로 보여주며 좋은 시 창작을 북돋웠습니다. 오랜 기간이 흐르는 동안 명호 스님은 현실에서 살아남기 위해 잠시 시를 내려놓기도 하였습니다. 보습 학원도 운영하였고, 헬스클럽 트레이너를 하다가 직접 운영하기도 하면서 적극적이고 긍정적인 삶을 지향하였습니다.

명호 스님의 속명은 '오세천'이고, 1992년에 발간된 32명 시집 『물밑에서 어둠인 채로』(오늘의문학 24)에는 필명 '오세일'로 참여합니다. 발표한 몇 편을 감상하면서 시(詩)에 대한 변함없는 사랑과 지향을 만났습니다. 한동안 만나지 못했던 세월의 흔적이 작품에 투영되어 있었습니다. 〈황사바람이 불어오던 날/ 밤이 새도록/ 아카시아꽃이 활짝 피어/ 하얀 오막살이가 되었습니다.〉(연가)를 읽으며, 경부선 철로 곁의 작은 집을 연상할 수 있었습니다. 〈일상의 부끄러운 세포 속으로/ 파고드는 분열〉(노을 앞에서)에서 살아가는 것이 순탄하지 않은 것 같았습니다. 그러나 그는 〈자꾸만 달라붙는 아픔을/ 하나씩 뜯어내며/ 때 묻은 기억/ 걸러내는 시간〉을 보낸 것 같습니다. 그리하여 〈겨우내 목말라 했던〉 〈시적 자유〉를 찾아 다시 시 창작의 세계로 돌아온 것 같아 참으로 반가웠습니다.

이 시기에 발표한 작품은 첫 시집에 수록되지 않았습니다. 그러나 그 시기의 아픔, 때 묻은 기억을 걸러내는 작업이 1시집의 중심축을 이루고 있습니다.

얼마만큼 비워내야
맑은 소리가 나는 것일까?
뜨겁게 달구어진
무간지옥 넘나들며
산란한 마음 한 곳에 모아
삼매에 든 해탈의 소리.

—「징소리 1」 전문

6행의 단형시에 명호 스님이 지향하는 시창작의 경향이 응축되어 있습니다. 1행과 2행 〈얼마만큼 비워내야/ 맑은 소리가 나는 것일까?〉는 오랜 기간 추구하던 그의 지향입니다. 그가 다시 시를 빚기 시작할 때가 가장 힘들었던 시기였으리라고 추정됩니다. 신체적인 아픔, 경제적인 여건, 가족 간의 문제 등으로 불면의 밤을 새우며, 세상의 탐진치(貪瞋癡)를 극복하려는 내면의 반영입니다.

그러나 그는 3행과 4행 〈뜨겁게 달구어진/ 무간지옥 넘나들며〉와 같은 아픈 세월을 보내야 했습니다. '탐(재물욕)' '진(감정을 다스리지 못함)' '치(어리석은 마음)'를 극복하는 이치를 스스로 깨달았지만, 이를 현실에서 실천하는 일은 참으로 힘든 일이기 때문입니다. 그에게 닥친 '탐진치'는 뜨겁게 달구어진 '무간지옥'이었을 터이기에, 그는 이에서 벗어나고자 불교에 귀의하여 새로운 삶을 추구합니다. 이런 계기는 스스로 밝히는 것처럼 '귀한 도반(道伴)'을 만났기 때문이며, 그 도움으로 만행(萬行)에 나설 수 있었다고 고백합니다. 작품 「백일기도」에서 그는 〈진도 울돌목에서/ 역마의 발자취 말끔히 씻어내고〉 〈얽히고설킨 인연줄 풀어놓으며/ 인욕의 가시덤불 위에/ 정진의 방석을 깔고/ 모진 바람 이겨낸 백일〉 역시 이와 관련지어 있습니다.

이러한 과정을 거쳐, 5행과 6행의 〈산란한 마음 한 곳에 모아/ 삼매에 든 해탈의 소리〉를 듣습니다. 물론 이 작품에서는 '징소리'를 통하여 깨달은 경지를 형상화한 것이며, '해탈'의 소리를 들은 것만으로도 그의 지향이 분명해졌을 터이매, 이는 명호 스님이 본격적으로 불도(佛道)에 정진하리라 유추하게 합니다. 그의 1시집에 수록된 대부분의 작품이 이와 같은 내면의 반향이며, 양상은 다르지만 깨달음에 다가서려는 자세로 일관(一貫)합니다.

2.

명호 스님은 '불교 수행자들이 겪는 온갖 행동'으로 일컬어지는 만행(萬行)을 통하여 신앙세계를 구체화합니다. 그가 불교에 귀의한 근원 역시 놀라운 '인연'의 선상에 있습니다. 그의 생모는 석불(石佛)의 코를 갈아 마신 인연으로 그를 출산하였다고 전합니다. 그리하여 그는 좀 늦게 불교에 입문하였지만, 〈몇 십이던가/ 몇 백이던가/ 헤아릴 수 없는/ 윤회의 바랑을 메고/ 다시 찾아와// 천수경 몇 가락에/ 업장소멸 구걸하는/ 어리석은 중생〉(청룡사에서 1)으로 거듭날 수밖에 없는 인연이었음을 밝힙니다.

그는 이승의 인연과 업장을 끊어야 하는 승려(僧侶) 신분이면서도 속세의 인연을 귀하게 생각합니다. 〈늙은 엄마와/ 엄마가 좋아하는 자장면을 먹는다./ 엄마 뱃속에 세 들어 살던/ 열 달치 방세와/ 아들이라며 땡 잡았다고 먹인/ 여덟 섬 너 말의 젖과/ 조건 없이 베푸신 사랑〉에 보답하는데 소홀하지 않습니다. 〈세월은 버선발로 앞서가는데/ 어머니 자장면 많이 드세요./ 저승에는 자장면 없을지도 몰라요.〉 돌아가신 뒤에 제상(祭床)에 사과 한 개, 배 한 개 올릴지라도 나무라지 말라며, 〈지금 푸른 이 세상〉에서 자장면을 많이 사드리겠다고 울먹입니다. 이러한 정서는 어미 잃은 고양이의 대리모 역할을 자임하여 신선한 충격을 줍니다.

> 누구의 환생으로
> 축생의 탈 쓰고 여기까지 왔는지
> 몸을 만지면 따스한데
> 사람소리 대신
> 고양이 울음소리가 났다.
>
> 보채는 모습
> 옹알이하는 모습
> 사람소리가 날 것도 같은데

고양이 울음소리만 났다.

우리가 전생으로 돌아가면
언제 어디서 무엇으로 만났었을까
나룻배 타고
전생에서 오는 길이 많이 힘 들었나보다
오랫동안 곤한 잠에 빠져들었다.
—「모정 2」 일부

명호 스님은 이웃집 개에 물린 어미 고양이가 죽어가는 모습을 지켜보게 됩니다. 새끼들은 배냇짓처럼 재롱을 떠는데, 어미 고양이는 〈초점 읽은 눈에 가쁜 숨 쉬며〉 그에게 새끼를 돌보아 달라는 〈마지막 부탁〉을 하는 것 같습니다. 그렇게 〈핏덩이/ 윤회의 씨앗만 남겨놓고/ 비틀거리며/ 노을 속으로 떠난 어미〉는 다시 오지 않습니다. 〈엄마 찾는 울음소리〉로 온 동네를 쏘다니는 새끼 고양이에 연민의 정서가 일어, 돌보게 되고, 그 후일담이 「모정 2」로 승화됩니다. 결미(結尾) 4연의 〈나룻배 타고/ 전생에서 오는 길이 많이 힘 들었나보다/ 오랫동안 곤한 잠에 빠져들었다.〉고 형상화한 불교적 시각은 그만의 독보적 경지로 보입니다.

이러한 불교적 시각은 때로, 징소리로 대유되는 토속 종교, 즉 무교(巫敎, 무속)와도 상통하는 것 같습니다. 만행(萬行)을 하며 세상을 주유하다가 전설(傳說)을 만나는데, 대부분 무교와 연관이 있습니다. 「소등섬 전설」에서는 〈전남 장흥군 용산면 상발리 산 225/ 소 등 닮은 섬에는/ 할머니와 달덩이 용궁동자/ 두 손 모아 바다를 지키고 있다.〉고 소개합니다.

전생에 허씨 낭자였을지도 모를
여인
별 아래 앉아
징징징 지잉 징징
징소리 엮어
애끓는 남도소리로
비운의 왕비 깨우고 있다.

—「왕비 사당」 일부

'왕비 사당'을 지키는 무녀, 별 아래 앉아 징을 울리며 애끓는 남도소리로 주문을 외는 여인에게서 그는 허씨 낭자, 혹은 허왕후를 연상합니다. 전설에 의하면, 허씨 낭자가 그 곳에서 왕을 만나 인연을 맺은 후 왕이 떠나자, 평생 그 왕을 기다리고 있었다는 것입니다. 그 여인은 허씨 낭자였을 수도 있고, 사당 이름이 '왕비사당'이라는 것과 '허씨 낭자'를 결합하면, 인도의 공주가 가야국의 왕비가 되었다는 설화를 연상하게도 합니다. 전설에 바탕을 둔 형상화이지만, 그 핵심은 평생 기다리며 기도하였을 희생적 정진(精進)일 터이니, 불교적으로 수행하는 자신과 오버랩 되어 역지사지(易地思之)의 정서가 발현됩니다.

이는 「임씨 할머니 당」에서 〈촛불도 위태로이/ 바다 울부짖는 날이면/ 신명의 옷고름 여미고 망주봉에 올라 휘파람 부는〉 무녀를 만납니다. 또한 「죽령 산신당」에서 〈기왓장 틈에 숨어/ 칠흑 같은 어둠만 핥아먹고 사는〉 혼령을 노래합니다. 그러다가 〈징소리 징징 울리는 밤이면/ 깊은 잠에서 기지개 켜는〉 '다자구' 할머니 신(神)을 노래합니다. 또한 불교 사찰에서 만날 수 있는 '산신당'도 시의 소재로 자리합니다. 〈산신당 앞/ 불심(佛心) 돋는 가지에/ 반가부좌 틀고 앉아/ 햇살〉을 토해내는 영근 소리(징소리 3)를 찾아냅니다. 이와 같은 내면은 점차 무교(巫敎)의 주체인 무녀(巫女)로 향하기도 합니다.

밤이면 밤마다
헝크러진 마음
곱게 빗질하고

결가부좌 틀고 앉은
계룡산 삼불봉 무릎 아래
무명(無明)의 치마끈 풀어놓고

오늘은
어느 신령님과
몸을 섞고 있는가.

—「무녀(巫女) 2」 전문

이 작품은 계룡산 삼불봉 아래에 있는 굿당의 스케치입니다. 여러 날 굿을 하면서도 헝클어지거나 흩어지지 않는 무녀의 자세, 그리고 '무명(無明)을 풀어놓는 무녀에 대한 인식을 새롭게 투영합니다. 무명(無明)은 종교적으로 무아(無我)의 진리를 깨닫지 못하고, 자아(自我)에 집착하는 무지의 상태인데, 이를 풀어놓는 것은 깨달음에 몰입하여 순수한 상태가 되었음을 의미합니다. 결미의 〈오늘은/ 어느 신령님과/ 몸을 섞고 있는가.〉는 몰입의 과정에서 신령과 무녀가 종교적 혼연일체를 이루고 있는, 즉 '빙의(憑依)되어 있는 상태를 말하는 것 같습니다.

무교와 관련한 작품에서 시적 성취를 이룬 작품들이 많은 것은 아마도 그의 내면이 삼국시대부터 유불선(儒佛仙)이 하나로 통합되어 나타난 도교적 심상과 닿아 있는 것 같습니다. 〈지천명의 마루턱에 앉아/ 징소리만 듣고 있는/ 이 도둑놈아〉 〈그래! 자네는/ 농부들의 땀방울을/ 몇 순갈이나 축냈는고?〉(말씀 1)라는 자성(自省)의 목소리가 이처럼 준렬(峻烈)하기가 쉽지 않습니다. 이와 같이 치열(熾烈)하게 정진해야만 해탈의 경지에 이를 수 있을 터이며, 그 경계를 나서면 좀 더 자연스럽게 문학적 변용이 이루어집니다.

만월사
공양주 보살이
마당을 쓸고 있다.

햇살에 풀풀 날리는
징소리의 자투리
쓸어 모으고 있다.

신기(神氣) 솟구치는 날이면
농음(濃陰)으로 얼룩진
한 생애를 콜록거리며

삼삼히 눈에 밟히는
때 묻은 기억들
쓸어 모으고 있다.

—「만월사에서」 전문

어느 사찰에서나 볼 수 있는 단순한 스케치지만, 이러한 문학적 성취는 저절로 이루어지는 게 아닙니다. 서두는 단순하게 〈공양주 보살이/ 마당을 쓸고 있다.〉로 되어 있지만, 이를 바라보는 시인은 시인만의 비유와 상징에 의하여 새로운 세계를 빚습니다. 마당에서 쓸어내는 것은 티끌일 터이지만, 시인은 〈햇살에 풀풀 날리는/ 징소리의 자투리〉라고 노래합니다. 이는 무속과 연계되어 〈신기 솟구치는 날이면/ 농음으로 얼룩진/ 한 생애〉를 돌아보며, 〈삼삼히 눈에 밟히는/ 때 묻은 기억들〉을 쓸어내는 것입니다. 이와 같이 탐진치에서 벗어나고자 하는 내면이 곡진(曲盡)하게 승화됩니다.

그는「차를 마시며」에서 일상의 작은 티끌도 씻어내고자 하는 염결(廉潔)한 감동을 생성합니다. 〈숨 가쁘게 달려온/ 때 묻은 시간/ 잠시 뉘어놓고/ 한 소절/ 바다의 교향곡〉 풀어 놓습니다. 그러면 〈찻잔은 금세/ 은빛 물결로 출렁〉이는 직관의 바다에 이릅니다. 그러자 찻잔에서 〈힘차게 날아오르는/ 갈매기 울음〉이 풋풋하게 묻어나오는 '그리움'을 생성합니다. 이는 또한 〈고깃배가 건져 올린/ 등 푸른 음표〉로 전이되고, 그 음표에 〈말갛게 씻기운/ 내〉가 달려서 감동적인 노래로 거듭납니다. 이런 시적 표현은 아무나 할 수 있는 게 아니라, 해탈에 이르려는 선지식(善知識)으로서의 경지일 터입니다.

3.

명호 스님은 해탈의 경지를 지향하는 불교 승려(僧侶)이면서도, 산천과 명승지를 주유하는 만행에서 깨달은 바가 있어, 유불선(儒佛仙)을 포괄하는 시심으로 작품을 빚습니다. 한국

민속 악기의 하나인 '징'의 울림에 매료됩니다. 그리하여, 징소리로 만물을 깨우치는 무교에까지 만행의 범주를 넓힙니다. 그렇지만 정서의 중심에는 불교적 깨달음이 가부좌하고 있으며, 그 언저리에 토속 신앙이 자리함을 알 수 있습니다.

> 몹쓸 기억들만 데리고
> 힘겨웁게 서성대던
> 시월의 끝자락,
> 그대는
> 노을빛으로
> 붉게 타오르는
> 한 송이 연꽃이었습니다.
>
> —「약사암에서」 전문

이는 불교적 직관에 의한 형상화입니다. 「망경사에서」 역시 불교적 심상이 뚜렷한 작품입니다. 〈하얗게 덮인/ 대웅전 앞 여백에 뿌려놓은/ 자비(慈悲) 한 줌 쪼아 먹으며/ 겨울나기 하는 허공중생들〉에서 하늘을 나는 새들에 대한 연민의 정서를 담아냅니다. 그 새들은 〈온종일 풍경소리 물어다/ 골골마다 풀어놓더니/ 나뭇가지에 걸린 채/ 붉게 번지는 노을〉을 쪼아 먹습니다. '허공중생들(새)'은 시인의 보조관념으로 작용합니다. 〈영산(靈山) 수없이 오르면서도/ 아직도 쥐고 있는/ 삿된 생각들이 따가운〉 자신을 돌아보며, '노루꼬리만한 겨울한 나절'을 소일하며 동안거(冬安居)하는 스님의 시각, 그리고 표현의 신선함을 공유합니다. 그러나 시인은 작은 현상에도 흔들리는 자신을 반성하며, 스스로 점오점수(漸悟漸修)의 수

련과정을 계속하고 있습니다.

비우면 비울수록
그리움만 무성하더라.
차마 하지 못한 말
소복이 쌓이는
저 짙은 가을 속내.

—「가을사랑」 전문

그릇된 분별이나 집착을 떠나 마음이 빈 상태에 이르는 무념무상(無念無想)의 경지, 혹은 마음을 온전히 비우는 허정(虛靜)의 경지를 추구하면서도, 속세의 작은 사물에 흔들리는 내면을 작품에 투영하고 있습니다. 이는 깨달음의 높은 경지에 이른 현자들 역시 수시로 경험하는 일상으로 알려져 왔고, 이러한 흔들림을 스스로 극복하기 위해 점오점수하는 수행의 정진이 기본일 터입니다. 오히려 약간의 흔들림을 깨닫고, 다시금 자신을 다잡아 정진하는 자세가 더 믿음직스럽게 마련입니다.

이런 자세를 오롯하게 견지하고 있는 명호 스님의 작품 세계가 참으로 진솔해 보입니다. 앞으로도 깨달음의 도정(道程)에서 갈등과 극복의 여러 심상이 작품으로 빚어질 터입니다. 그리하여 1시집에서 못 다 풀어낸 작품, 새롭게 변용되어 나타날 작품을 기대하며, 작품 감상의 여정을 맺습니다.

명호 시집

징소리

명호스님 시집

발 행 일 | 2019년 03월 17일
지 은 이 | 명호 스님
발 행 인 | 李憲錫
발 행 처 | 오늘의문학사
출판등록 | 제55호(1993년 6월 23일)
주 소 | 대전광역시 동구 대전로 867번길 52(한밭오피스텔 401호)
전화번호 | (042)624-2980
팩시밀리 | (042)628-2983
전자우편 | hs2980@hanmail.net
카 페 | cafe.daum.net/gljang(문학사랑 글짱들)
cafe.daum.net/art-i-ma(아트매거진)

공 급 처 | 한국출판협동조합
주문전화 | (070)7119-1752
팩시밀리 | (031)944-8234~6

ISBN 978-89-5669-992-9
값 9,000원

* 이 도서의 국립중앙도서관 출판예정도서목록(CIP)은
서지정보유통지원시스템 홈페이지(http://seoji.nl.go.kr)와
국가자료종합목록시스템(http://www.nl.go.kr/kolisnet)에서 이용하실 수
있습니다. (CIP제어번호 : CIP2019008099)
* 이 책은 교보문고에서 E-Book(전자책)으로 제작 · 판매합니다.